LA

LECTURE SUR LES LÈVRES

PALLIATIF DE LA SURDITÉ

PAR

MARIUS DUPONT

PROFESSEUR A L'INSTITUT NATIONAL DES SOURDS-MUETS.

PARIS

IMPRIMERIE VICTOR GOUPY ET JOURDAN

RUE DE RENNES, 71.

—

1884

LA

LECTURE SUR LES LÈVRES

PALLIATIF DE LA SURDITÉ

PAR

MARIUS DUPONT

PROFESSEUR A L'INSTITUT NATIONAL DES SOURDS-MUETS.

PARIS

IMPRIMERIE VICTOR GOUPY ET JOURDAN

RUE DE RENNES, 71.

1884

LA LECTURE SUR LES LÈVRES

PALLIATIF DE LA SURDITÉ.

La vue peut suppléer l'ouïe chez le sourd. C'est pourquoi, dans les écoles de sourds-muets, on enseigne la parole par la parole. Les enfants y apprennent ainsi à lire sur les lèvres et à parler. Mais la lecture sur les lèvres n'est pas moins précieuse pour les personnes devenues sourdes à un âge plus avancé de la vie. Et, pour peu qu'on n'ignore pas la promptitude et la sûreté avec lesquelles arrivent à entendre avec leurs yeux, ceux qui, en perdant l'ouïe, ont conservé l'intégrité de la vue et de l'intelligence, on s'étonnera que la méthode de lecture sur les lèvres ne soit pas plus en faveur tant auprès des malades qu'auprès des médecins. Il ne manque pourtant pas de sourds que les cornets acoustiques sont impuissants à soulager (1) et que les médecins doivent renoncer à guérir. A ceux-là il est bon de faire savoir que là où la médecine se déclare impuissante, la pédagogie peut utilement intervenir. A tous ces désolés il est humain d'apprendre qu'ils pourraient, au prix de quelques mois d'exercice, voir cette parole qu'ils ont cessé d'entendre et dont la privation leur est si cruelle.

Il arrive parfois que des sourds arrivent, à force de patience et d'efforts, à lire sur les lèvres de leur entourage un assez grand nombre de mots pour rétablir en partie les communications dont

(1) Voir l'intéressante critique publiée par notre confrère A. Dubranle, professeur à l'Institution nationale des Sourds-Muets de Paris, sur les cornets acoustiques, dans son remarquable traité sur la *lecture sur les lèvres*. Paris, 1884.

la perte de l'ouïe les a privés (1). M. G..., sourd depuis plus de dix ans, converse très couramment, nous assure-t-on, avec sa femme et ses enfants, mais ne comprend pas les autres personnes. Il ne nous a malheureusement pas été possible de voir M. G... L'exemple n'est pas nouveau. Rabelais signale un cas semblable ; et l'abbé Deschamps, dans son livre sur l'éducation des sourds-muets, écrivait en 1779 : « *Il n'est pas si rare que des personnes devenues sourdes par différents accidents, lisent à merveille sur les lèvres les discours que les autres hommes entendent* ». Le même auteur consacre un chapitre à « *l'éducation des personnes sourdes par accident, qui ne sont point muettes, et dont la guérison est regardée comme incurable par les médecins.* » Il conseille de leur apprendre la lecture sur les lèvres comme cela se fait pour les sourds, et pense qu'on peut, en moins d'un mois, amener un élève intelligent à ce degré de connaissance que l'usage seul perfectionne.

Après lui, le baron Degérando, dans son livre sur l'éducation des sourds-muets, écrit à la date de 1827 :

« On a vu souvent des personnes atteintes de surdité s'appliquer à lire sur les lèvres des personnes avec lesquelles elles s'entretenaient, sans pouvoir les entendre. A force de soins et de persévérance, elles s'étaient habituées à discerner habilement les configurations aussi rapides que délicates que reçoit cette portion de la physionomie humaine, suivant les intonations et les articulations qui sont prononcées. Elle s'étaient composé de la sorte une nouvelle espèce d'alphabet qu'on pourrait appeler alphabet labial..... Toute personne atteinte de la surdité et déjà habituée au langage articulé pourrait se créer la même ressource ; elle y parviendrait bientôt en parlant toute seule devant un miroir. »

(1) *De la parole.* Rapport à M. le Ministre de l'Intérieur, par O. Claveau. Pag. 30-33.

Nous ne partageons pas l'optimisme de M. Degérando, et il est fort à craindre que le malade ne soit à bout de patience, avant d'arriver au terme de ses recherches. Il a besoin d'être guidé dans cette étude. Seul, il parviendra difficilement à décomposer la langue en ses éléments phonétiques essentiels, et à donner à ces éléments leur valeur propre. Comment se livrera-t-il aux exercices nécessaires pour varier la distance, les positions, la lumière ; pour apprendre à lire de loin et de près, de face et de profil ? Et s'il articule mal (ce qui est moins rare qu'on ne pense chez les personnes qui ont appris à parler naturellement et sans étude), ou s'il exagère les mouvements de ses organes, ce sera bien autre chose ; car alors il se composera un alphabet labial qui lui sera personnel, et ne lira point sur les lèvres étrangères. Sans compter qu'en s'observant il saura toujours ce qu'il va dire, et partant, n'aura aucune peine à reconnaître sur ses organes les signes de sa pensée. En dépit de tous ses efforts, son étude risquera de demeurer stérile, si elle n'est pas méthodiquement réglée ; s'il n'en fait pas l'objet d'un entraînement spécial, basé sur l'analyse des sons et leur valeur phonétique réelle.

Un otologiste des plus remarquables, M. le docteur Miot, a bien voulu s'intéresser à notre travail, et nous a mis en rapport avec un de ses clients qui, sans le secours d'aucun maître, est parvenu à lire très convenablement sur les lèvres des personnes qu'il voit parler.

Devenu sourd par accident à l'âge de 19 ans, M. C... a aujourd'hui 32 ans. Consulté au début de la maladie, M. le docteur Miot conseilla à la mère du jeune homme de lui parler sans cesse et de le faire parler sans trêve. Durant les premières années qui suivirent l'accident, on dut recourir à l'écriture pour communiquer avec le malade. Celui-ci, d'ailleurs fort intelligent, commença dès lors à observer. Et d'abord, il chercha à lire la pensée des personnes qui parlaient devant lui, dans leurs yeux et dans l'expression de leur physionomie. Déçue de ce côté, son attention se porta bientôt sur leurs lèvres. Il ne tarda pas à reconnaître certains mots qui revenaient souvent dans la conversation: et après quelques années d'efforts patients et d'observation constante, il eut la satisfaction de pouvoir s'entretenir avec sa mère. Peu à peu, il s'habitua à converser également avec divers membres de sa famille. Puis il s'attacha à deviner l'énigme vivante que lui offrait la bouche de ses patrons et des camarades d'atelier avec lesquels son métier de peintre en bâtiments le mettait en relation journalière.

Aujourd'hui enfin, il est en état de suivre une conversation avec des personnes étrangères. Néanmoins, bien des mots lui échappent, principalement quand il ne sait pas de quoi on va lui parler. Il ne lui est pas possible de lire sur les lèvres des personnes qui ont de fortes moustaches, l'accent étranger, la diction embarrassée ou rapide, la bouche grande, etc. « Dès que je vois parler quelqu'un, dit-il, je sais si je vais pouvoir m'entretenir avec lui. » Le malade lit assez bien les mots et les phrases, mais il lit fort mal les sons. Cela tient évidemment à ce que la lecture chez lui est tout entière basée sur la mémoire des mots et des phrases, et non sur celle des sons. Ce fait explique qu'il ait mis dix ans à faire ce que nos élèves font en quelques mois. Toutefois, sa lecture ne cesse de se perfectionner par l'usage. Chaque jour il voit s'étendre le cercle des personnes avec lesquelles il peut entrer en communication : et il se trouve si bien de son état qu'il a refusé les leçons que nous lui avons offert de lui donner gratuitement dans l'espoir de perfectionner la lecture si défectueuse chez lui au point de vue mécanique. On peut comparer M. C... à une personne qui aurait appris certains airs de musique sans connaître les notes. Nous sommes convaincu qu'il lirait bien mieux s'il apprenait à reconnaître et à analyser les sons. Bien des mots qui lui échappent seraient saisis par son œil, bien des personnes qu'il ne peut comprendre se feraient entendre de lui, si sa lecture, de synthétique qu'elle est, devenait analytique, si la mémoire des mots faisait place à la mémoire des sons. Ces considérations augmentent le regret que nous avons eu de ne pouvoir tenter cette expérience.

Cet exemple prouve suffisamment que l'art de lire la parole sur les lèvres n'est ni aussi aisé que le prétend Degérando, ni aussi difficile qu'on le pense généralement.

Les personnes devenues sourdes liront sur les lèvres, précisément parce qu'elles ont entendu et parlé, plus rapidement que le sourd de naissance. Le sourd-muet, en effet, doit étudier à la fois et le mécanisme de la lecture, et l'intelligence de la langue ; il lui faut retenir, outre la physionomie des mots, leur signification. A celui qui a entendu et parlé, au contraire, il suffit d'apprendre le mécanisme de la lecture, c'est-à-dire de se bien pénétrer de l'individualité de chacun des trente sons élémentaires de notre langue, pour les reconnaître au courant du discours. Sa mémoire fera le reste.

« Celui qui est devenu sourd par accident, écrit Degérando, conserve encore plus ou moins vivement, plus ou moins longtemps, la mémoire des sons qu'il ne lui est plus donné d'entendre. Ce souvenir éveillé par le mouvement qu'il démêle sur les lèvres des interlocuteurs, s'unit à cette seconde perception, se confond avec elle, la relève, lui donne une sorte d'énergie et d'éclat dans le domaine de l'imagination, si ce n'est dans celui des sens : c'est encore sur l'image des sons que sa pensée continue de s'appuyer. De plus, exercé comme il l'est à connaître la composition des mots, leur signification, leur contexture et l'ensemble des phrases, il peut aisément suppléer, dans le discours un terme, dans le mot une lettre, qui échappe à son regard lorsqu'il veut lire sur les lèvres d'autrui. Un fragment de l'expression lui suffit pour concevoir la pensée entière; c'est ensuite la pensée elle-même qui, à son tour, lui fait supposer le surplus des formes qui appartiennent à l'expression. Rien de tout cela n'existe pour celui qui est sourd de naissance ou qui a été atteint de cette infirmité en bas âge. »

En un mot, la lecture sur les lèvres synthétique et facile pour celui qui devient sourd, est forcément analytique et plus difficile, au début surtout, pour celui qui est né tel.

L'un a tout à apprendre quand l'autre n'a qu'à se souvenir.

Dans une brochure datée de 1841 et qui a pour titre : *De la possibilité, pour les personnes plus ou moins sourdes, de lire la parole sur les lèvres de ceux qui parlent*, le docteur Schmalz, professeur à l'institution des sourds-muets de Dresde, reprenait cette théorie. Le docteur allemand affirme que toute personne devenue sourde peut facilement acquérir « l'intelligence de la parole vue ». Ceux qui ont entendu et parlé, dit-il, n'ont pas besoin, pour comprendre la parole, de la lire avec autant de précision que les jeunes sourds auxquels notre langage est inconnu. Les premiers, en effet, ayant gardé le souvenir des perceptions auditives antérieures, avec les intonations, l'accent, les liaisons, la syntaxe, peuvent deviner les syllabes ou les mots qui échappent à leurs yeux : ils lisent comme nous le ferions dans un livre en reconstruisant par la pensée quelques caractères effacés. » Telles sont, en résumé, les idées que nous retrouvons dans la brochure allemande : mais il n'y est fait aucune mention du nom de Degérando.

La presse de son pays ne marchanda au docteur Schmalz ni les encouragements, ni les éloges. Le docteur Edouard Baüers, dans la *Gazette des Ecoles* (nº 330, 1841) ; le docteur Gaspard dans son journal hebdomabaire (Berlin, 1841) ; la *Gazette littéraire pédagogique des Instituteurs primaires* (nº 17, 1841) ; et le docteur Meyer dans la *Gazette médicale de Berlin* (nº 103, 1843), consacrent divers articles à la glorification de cette méthode. Le docteur Meyer, en particulier, parle de nombreuses observations recueillies à l'Institution de Dresde où professait le docteur Schmalz.

Il ne paraît pas que les théories de Degérando, non plus que les déclarations de l'éminent instituteur de Dresde, et l'enthousiasme de la presse allemande, aient, en France du moins, converti personne. Les malades restent sourds et les médecins sceptiques (1), Et pourtant, il est si naturel d'étendre à ceux qui ont entendu le bénéfice de la lecture sur les lèvres, que la tâche a été plusieurs fois entreprise et menée à bien par des maîtres qui ignoraient encore les précédents établis et par Degérando, et par Schmalz.

Nous avons encore présente à la mémoire l'observation si intéressante publiée dans la *Tribune médicale* du 11 février 1883, par M. A. Dubranle, notre collègue à l'Institution nationale des sourds-muets de Paris. Il s'agissait d'un jeune homme, presque un enfant, subitement devenu sourd, une nuit d'orage, et dont la surdité fut bientôt reconnue incurable par les meilleurs otologistes. Au bout de quelques semaines, René B... lisait à merveille. Il fut présenté par le docteur Lasègue à ses élèves de la Pitié. Depuis, il a pu continuer ses études latines.

L'observation suivante qu'il nous a été donné de recueillir ne nous paraît pas moins concluante :

Mademoiselle M. de T... ressentit à l'âge de 24 ans les premières atteintes d'une surdité qui, depuis, n'a fait qu'empirer, en dépit des soins qui lui furent prodigués par les praticiens les plus éclairés, sans parler des nombreux empiriques auxquels on ne manque jamais de s'adresser en pareille circonstance.

Mademoiselle de T..., nerveuse, impressionnable, « une sensitive », disait Tardieu qui l'avait connue enfant, n'avait jamais eu de maladie. Elle était parfaitement guérie d'une chute de cheval qu'elle avait faite sur la tête et dont il ne lui était resté qu'une cicatrice. Remarquant qu'elle entendait de moins en moins le

(1) Voir l'historique de la lecture sur les lèvres dans l'ouvrage de M. A. Dubranle (déjà cité).

tic-tac de la montre et les sons du piano, affligée en outre de violents maux de tête et de vives douleurs dans les oreilles, elle s'adressa au docteur Bodkin, de Petersbourg, qui lui administra de la quinine. Environ six mois après, elle dut renoncer à ses fonctions d'institutrice dans cette ville, et se rendit à Vienne, où elle reçut, trois mois durant, les soins du docteur Grüber qui lui ordonna des bains sulfureux, des douches, du fer, et des frictions derrière les oreilles avec une pommade dont nous ignorons la recette. Puis ce fut le tour de M. le docteur Ladreit de Lacharrière, médecin en chef de l'Institution nationale des sourds-muets de Paris. Ce dernier fit prendre à la malade du quinquina, du fer, des pilules de Vallette, les eaux de Vals : il fit appliquer des vésicatoires derrière les oreilles, des sangsues, et pratiqua le cathétérisme de la trompe d'Eustache, etc. Après dix-huit mois de traitement, la malade s'adressa à M. le docteur Fournier. Un mois après, elle allait voir M. Garrigou Desarènes, qui lui ordonna des cataplasmes sur la tête, des vésicatoires à la nuque, l'eau d'Enghien, des frictions à la teinture d'iode et des infusions de lierre terrestre.

Le docteur Miot, consulté après lui, conseilla des infusions d'eau de sureau et des fumigations d'éther acétique. Quelques mois après, le docteur E. Ménières engageait la malade à prendre des bains de mer.

Enfin, elle reçut les soins du docteur P. Tillaux.

Le savant otologiste diagnostiqua aussitôt une otite sèche d'origine nerveuse ; il n'hésita pas à prévenir la malade de la gravité de son état, et lui fit part de ses doutes touchant le succès. Le docteur Tillaux administra le bromure de potassium et le borax, ordonna les bains salés, un régime fortifiant, conseilla d'éviter les émotions, les brusques changements de température et retira un petit bourgeon charnu de l'oreille de la malade (1).

Cinq ans s'étaient écoulés depuis que mademoiselle M. de T... au lendemain d'une forte émotion, avait ressenti les premières atteintes du mal. Elle était mainte-

(1) Nous avons reconstitué l'observation médicale d'après les souvenirs de la malade. On nous pardonnera les omissions et les lacunes dans cette partie, très secondaire selon nous, les divers traitements mis en œuvre étant restés sans effet.

nant complètement sourde. Toutefois, mademoiselle de T... n'était ni d'un caractère ni d'un âge à se résigner facilement. On ne renonce pas sans regret à la vie du monde, et l'ostracisme moral qui pèse sur les déshérités de l'ouïe n'est point accepté sans combat par ceux qui longtemps ont entendu.

Au mois d'août dernier, le hasard mit sous les yeux de mademoiselle M. de T. un journal relatant la séance de la distribution des prix aux élèves de l'Institution nationale des sourds-muets de Paris. Ce qui la frappa par-dessus tout, ce fut d'apprendre que les élèves de cet établissement, sourds comme elle, entendaient avec leurs yeux. C'était une révélation ; comprenant d'intuition, tout l'avantage qu'elle pourrait retirer d'une semblable méthode, elle se prit à espérer encore. Aussitôt elle écrivit à M. le docteur Peyron, directeur de l'institution nationale des sourds-muets de Paris, pour s'informer auprès de lui si elle ne pourrait pas, comme les jeunes sourds, être initiée à la lecture sur les lèvres, acquérir, elle aussi, l'intelligence de la langue parlée, et reconquérir sa place dans la vie sociale d'où son infirmité l'avait impitoyablement retranchée.

M. le docteur Peyron, nous sommes heureux de l'en remercier ici, nous fit l'honneur de nous désigner à Mlle M. de T. qui s'empressa de se soumettre à nos leçons. Les premiers exercices, il faut bien le dire, facilement acceptés par des enfants, n'ont rien d'attrayant pour une grande personne. *Mais les petits moyens font parfois les grandes choses.* Ce que comprenant, notre nouvelle élève témoigna d'une patience et d'une intelligence à laquelle il est de notre devoir de rendre hommage, car nous leur devons une bonne part du succès.

Et d'abord, Mlle M. de T. dut apprendre à reconnaître, en nous les voyant prononcer, les diverses voyelles que nous avions soin de ne jamais dire dans le même ordre. Vinrent ensuite les groupes de consonnes les plus faciles, p, t, c; f, s, ch; qu'elle répétait sous notre dictée, qu'elle écrivait quelquefois en ayant soin de représenter chaque son sous ses diverses formes graphiques f, ph, ff, pour f; c, qu, k, cc, pour k. Ici nous nous heurtâmes à une première difficulté. Mlle M. de T. prononçait *pé té cé* au lieu de donner aux sons p, t, c, etc., leur valeur phonétique propre. Il fallut l'habituer à répéter après nous p, t, c, en les prononçant comme on les prononce par exemple à la fin des mots cap, bac. Au début, quand nous disions cap, notre élève lisant cé, a, p. était tentée de répéter céapé, mot bizarre, qui ne rappelait à sa mémoire aucune perception auditive antérieure, et partant ne disait rien à son intelligence.

Nous fîmes ensuite des expériences de syllabation en accouplant les voyelles et les consonnes connues. Nous ne tardâmes pas à pouvoir dicter deux, trois et quatre syllabes qui étaient aussitôt lues et répétées.

Durant ces exercices destinés à développer la précision mécanique dans la lecture, nous évitions autant que possible de dicter des mots ayant une signification, dans la crainte de développer la tendance déjà trop grande de notre élève à deviner plus qu'à lire, à synthétiser plus qu'à analyser les sons dictés, à voir avec l'esprit plus qu'avec l'œil.

Ces premiers résultats convenablement assurés, nous abordâmes une série d'exercices plus difficiles, tendant à varier les positions, la distance, la rapidité du débit, etc. Les leçons duraient à peine depuis quelques semaines, que nos communications, cessant d'emprunter le long et ennuyeux intermédiaire de l'écriture, pouvaient s'échanger oralement, Au lieu d'écrire comme autrefois, nous parlions et nous avions la satisfaction d'être compris.

L'attention était plus fixe, l'œil plus exercé : il

s'agissait maintenant de rendre sensibles à la vue les différences si délicates qui existent entre les consonnes p, b, m, — t, d, n, — f, v. — s, z, — ch, j. — l. r. Après les avoir signalées, nous nous efforçâmes de faire ressortir clairement, au moyen d'exemples convenablement choisis, les caractères différentiels de ces sons. Peu sensibles à l'œil, ces différences sont surtout du domaine de l'esprit qui choisira, suivant la conversation, entre baba et papa, gâteau et cadeau, etc.

Puis, nous passâmes rapidement, trop rapidement, peut-être, sur les sons nasaux, an, in, on, un, et la syllabation complexe (pl, pr. fl, fr. st, sp,), etc., tant nous étions pressés par les progrès de notre élève et par son désir de parler (1). Nos leçons ne furent désormais que de longues causeries sur toute espèce de sujets. Au courant de ces entretiens, nous étions de temps à autre obligés de recourir à l'écriture, pour faire lire un mot nouveau, généralement quelque nom propre, qui avait échappé au regard de notre élève. Mais dès lors le résultat était acquis, le succès assuré.

Un jour, Mlle M. de T. nous racontait qu'elle était moins exploitée par les marchands. Quand elle demandait le prix d'un objet, elle voyait maintenant la réponse qui lui était faite, et marchandait au besoin ou refusait ce qui lui paraissait trop cher. « Autrefois, nous disait-elle, je payais sans même savoir ce qu'on me demandait, ne voulant pas avoir l'air de ne pas comprendre. » Grand dût être l'étonnement de maint fournisseur, qui, prévenu de son infirmité, ne s'était point fait faute d'en profiter. Une autre fois, Mlle M. de T. nous annonçait, toute joyeuse, qu'elle avait surpris en omnibus la conversation de deux personnes qui ne se savaient pas observées.

(1) Pour de plus amples détails sur la partie pédagogique, consulter *La lecture sur les lèvres*, par A. Dubranle.

Ou bien c'était un long entretien qu'elle avait eu avec son frère, sans qu'il fût obligé, d'avoir recours à l'écriture : il n'avait dû répéter que deux ou trois mots.

Ces premiers succès eurent pour résultat d'enhardir notre élève, ce dont elle avait grand besoin. Nous la voyions avec plaisir prendre le dessus sur une timidité naturelle excessive, qui souvent nous avait gêné au cours de nos leçons, et qui devait lui nuire beaucoup pour lire sur les lèvres des personnes étrangères. Nous l'engageâmes à sortir de l'isolement dans lequel elle vivait, à visiter ses amis, ses parents, ses anciennes connaissances. Son commerce avec le monde l'habituait à voir la parole de tous. Pareille à l'enfant qui peu à peu déchiffre tous les manuscrits, elle faisait sa vue à toutes les bouches, et bientôt elle eut l'occasion de s'entendre, ou plutôt de se voir dire : « mais vous n'êtes plus sourde».

Nous nous mîmes alors à converser en italien avec elle. Depuis, elle a soutenu de nombreuses conversations en allemand. Point n'est besoin de dire, je pense, qu'elle connaissait à fond ces deux langues avant sa maladie : « Mais vous pourriez comme moi donner des leçons, lui disait un jour le professeur d'allemand des petits-neveux de feu l'amiral Touchard.» Et, de fait, on étonnerait fort telle ou telle personne qui la voit journellement en lui apprenant que mademoiselle M. de T... est parfaitement sourde. Nous ne laissâmes pas que d'être un peu surpris nous-même, un jour que nous vîmes notre élève nous faire la leçon. Nous avions mal prononcé un mot d'italien : elle nous en fit l'observation et se chargea de nous reprendre. Ceci se passait devant M. A. Dubranle, notre collègue de l'institution de Paris. Plusieurs autres maîtres de la même école ont eu l'occasion de la voir et de lui parler. L'un d'eux, d'origine italienne a pu engager avec elle une conversation dans sa langue. Elle a également été présentée à M. le docteur Peyron, directeur de l'école de la rue Saint-Jacques. Notre ami, le docteur Clos, l'a vue répéter mot pour mot ce que nous lisions au hasard, devant elle, dans les colonnes des journaux. Un membre de l'académie de médecine, le docteur Siredey, voit souvent mademoiselle M. de T... et n'a pas été le moins étonné en présence de la rapidité et de la sûreté des résultats obtenus. Le médecin de Lariboisière l'a présentée à ses élèves. Un témoignage qu'on ne saurait suspecter, et qui, comme le précédent, emprunte à son auteur une haute portée scientifique, est celui de M. le docteur Tillaux qui n'en pouvait croire ses oreilles en entendant sa malade répondre à toutes ses questions, si bien qu'il la croyait guérie. L'illustre chirurgien de Beaujon, après avoir présenté mademoiselle M. de T... à ses élèves, a bien voulu nous autoriser à invoquer ici le témoignage de sa haute autorité. C'est avec un sentiment de profonde reconnaissance que nous adressons nos remerciements aux deux membres de l'académie de médecine qui, spontanément, et mûs par le seul amour de l'humanité et de la science, ont présenté mademoiselle de T... à leurs élèves des hôpitaux, et contribué à la réhabilitation de la méthode de lecture sur les lèvres.

Nous devons, à la vérité, déclarer en terminant, que l'intelligence du sujet est pour beaucoup dans la *rapidité* du succès. Mademoiselle M. de T... n'a pris que deux mois de leçons (septembre et octobre 1883). Depuis, elle est en état de parler de tout et avec tous. En revanche, elle est affligée d'une myopie très prononcée qui, jointe à sa timidité, nous fit craindre au début pour le succès de l'entreprise.

Cette observation est une nouvelle preuve que la lecture sur les lèvres est véritablement le palliatif de la surdité reconnue incurable. Il faut qu'on le sache, les cas de René B... et de mademoiselle de T... ne constituent pas des faits exceptionnels. Tout sourd qui n'est ni inintelligent ni aveugle, peut apprendre, dans un temps relativement court, (généralement de deux à quatre mois), à entendre avec ses yeux et nous pensons avec le docteur Schmalz, que c'est pour les médecius otologistes un devoir d'humanité de ne point repousser sans l'avoir convenablement expérimentée, une méthode qui se présente sous des auspices, tels que ceux des docteurs Lasègue, Siredey, Tillaux, et qui se recommande par de si précieux résultats.

Grâce à la lecture sur les lèvres, le sourd de naissance apprend le langage et reconquiert sa place dans la société. Grâce à elle, l'enfant qui devient sourd peut continuer son instruction, et est ainsi préservé de l'horrible danger du surdi-mutisme : témoin le jeune Kœcklin qui, devenu sourd à l'âge de sept ans, apprit de M. Hugentobler à lire sur les lèvres et a, depuis, si bien continué son instruction, qu'il a pris place sur les bancs de l'Ecole centrale. Devenu sourd à 15 ans, le jeune René B... n'a pas même eu besoin de passer par l'école spéciale pour parachever ses études. La lecture sur les lèvres, en un mot, a pour mission de rendre les sourds de tout âge à la vie sociale.

PARIS. — IMP. V. GOUPY ET JOURDAN, RUE DE RENNES, 71.

www.ingramcontent.com/pod-product-compliance
Ingram Content Group UK Ltd.
Pitfield, Milton Keynes, MK11 3LW, UK
UKHW020502220726
13923UKWH00006B/2700

9 782019 251482